tout siphon

Dans la même collection :

Tout blender - Sylvia Gabet

Tout carpaccio - Olivier Straehli

Tout expresso - Jean-Charles Karmann

Tout plancha - Sylvia Gabet

Tout tajine - Sophie Brissaud

Tout wok - Nathalie de Loeper

Conception graphique : Rachida Zerroudi
Connectez-vous sur : www.lamartinieregroupe.com

ISBN : 978-2-8307-1001-4

Tout siphon

30 recettes de mousses et d'espumas

*

savourez léger et onctueux !

Jean-Charles Karmann

Photographies Isabelle Smolinski
Stylisme Virginie Michelin

Minerva

sommaire

tout cocktail

tout simple à accompagner froid

tout simple à accompagner chaud

tout jeune et sucré

introduction

Simplissimes à réaliser, amusantes à concevoir, pratiques à servir, ultralégères, mousseuses, aériennes, délicates, vaporeuses, subtiles, voilà qui définit bien les recettes que vous allez réaliser avec votre siphon. Assez moderne dans sa conception et dans son utilisation, le siphon fait son entrée dans nos cuisines…

Quel siphon choisir ?

• Avant d'acquérir votre siphon, renseignez-vous sur les différents modèles proposés. En effet, il en existe une multitude : 1 litre ; 0,5 litre ; 0,25 litre ; thermos ou pas. Je vous conseille la double paroi en 1 litre, qui ne vous interdit ni les préparations froides ni les préparations plus petites. Il faudra alors régler le nombre de cartouches.

Le nombre de cartouches ?

• En fonction de la consistance voulue, le nombre de cartouches recommandées est :
- pour un siphon de 0,5 litre, 1 à 2 cartouches maximum ;
- pour un siphon d'1 litre, 2 à 3 cartouches maximum.

Le type de cartouches ?

• Utilisez des cartouches à crème Chantilly argentées, conformes aux usages du commerce. Elles seront identiques que vos préparations soient chaudes ou froides.

La réalisation, bon à savoir :

• Prenez soin de toujours bien passer vos préparations au tamis avant de remplir votre siphon, sinon les moindres morceaux, si petits soient-ils, boucheraient l'orifice de sortie.

• Pour les préparations froides, mettez à refroidir le siphon rempli pendant 3 à 6 heures au réfrigérateur. Vous pouvez utiliser, pour les préparations froides, de la gélatine soit en feuille, soit en poudre, en prenant soin de vérifier leur coefficient de liaison. Il vous est aussi possible d'utiliser de l'agar-agar : il faudra à ce moment-là être très précis dans vos pesées.

• Pour les préparations chaudes, maintenez au chaud le siphon rempli, au bain-marie, à une température

350 GR
FLOUR
RICE
300 GR
250 GR
200 GR
150 GR
100 GR

de 75 °C maximum, (c'est-à-dire en début de frémissement) sinon vos sauces liées vont se déstructurer et votre recette sera ratée. Dévissez le porte-cartouche avant de mettre le siphon dans le bain-marie.

• Avant de servir, prélevez une petite quantité dans un récipient afin de vous familiariser avec la pression et ne pas repeindre votre cuisine !

• Conservez la sauce au chaud dans le siphon pendant 3 heures maximum. En maintenant des sauces au chaud dans le siphon, il n'y a pas dépôt, et la sauce n'attache pas.

Et au frais, le siphon conserve vos créations chantilly pendant 5 jours. En effet, le contenu est gardé dans un espace hermétiquement fermé, ce qui lui garantit ses qualités gustatives. Le goût des ingrédients de base se conserve pendant une période assez longue.

• La manipulation du siphon par les plus jeunes est à contrôler par un adulte.

À travers les recettes de cet ouvrage, j'ai tenté de vous montrer la facilité de réalisation des préparations, et de vous aider dans l'utilisation de votre siphon, que ce soit pour réaliser une chantilly salée ou sucrée, chaude ou froide, des gelées ou même des cocktails. En tout cas, je suis sûr que vous aurez mille et une idées qui vous permettront de personnaliser vos recettes. Soyez curieux, créatifs, gourmets, et n'hésitez pas à faire vivre votre amour de la gourmandise.

Jean-Charles Karmann

mousse de piña colada

Pour 8 verres environ, soit 70 cl ✷ *préparation : environ 10 min*

3 feuilles de gélatine • 17 cl de lait de coco
• 12 cl de rhum blanc • 12 cl de rhum brun • 30 cl de jus d'ananas
• noix de coco râpée

▪ Dans un bol d'eau tempérée, mettez à ramollir les feuilles de gélatine.

▪ Dans une petite casserole, faites chauffer sur feu doux la moitié du lait de coco (la température ne doit pas excéder 60 °C), puis ajoutez les feuilles de gélatine égouttées et pressées pour les dissoudre.

▪ Pendant ce temps, dans un grand saladier mélangez le rhum blanc, le rhum brun, le jus d'ananas et le reste du lait de coco. Versez dessus la gélatine fondue. Placez le tout dans le siphon, vissez l'une après l'autre deux cartouches de gaz, et secouez fortement entre chaque cartouche.

▪ Placez le tout plusieurs heures au réfrigérateur.

▪ Au moment du service, versez dans vos verres à cocktail et parsemez d'un peu de noix de coco râpée, sans oublier de planter une paille.

BONUS GOURMAND : Vous pouvez ajouter une poignée de glace pilée. Cette piña colada peut aussi former une écume sur un dessert d'été.

sangria
pas comme les autres

*Pour 3 verres environ, soit 50 cl * préparation : environ 20 min*

4 feuilles de gélatine • 4 cl de porto rouge • 1/2 citron • 1/2 orange • 1 pincée de cannelle en poudre • 1 pincée de gingembre en poudre • 30 g de sucre • 1/2 bouteille de bon vin rouge fruité espagnol ou du Sud-Ouest • 3 cl de liqueur d'orange • 3 cl de cognac (ou d'armagnac) • quelques fruits de saison

▪ Dans un bol d'eau tempérée, mettez à ramollir les feuilles de gélatine.

▪ Dans une petite casserole, portez à frémissement le porto en y ajoutant les zestes de citron et d'orange, ainsi que la cannelle, le gingembre et le sucre.

▪ Pressez vos feuilles de gélatine ramollies et faites-les fondre dans le porto chaud.

▪ Pendant ce temps, dans un grand saladier, mélangez le vin rouge, la liqueur d'orange, le cognac, le jus des deux agrumes, et versez sur ce mélange le porto frémissant dans lequel les feuilles de gélatine ont été dissoutes.

▪ Mélangez le tout, filtrez et versez dans le siphon. Vissez une ou deux cartouches et secouez fortement. Placez le tout durant 2 heures au moins au réfrigérateur.

▪ Découpez les fruits en petits morceaux (pommes, poires, oranges ou kiwis). Placez ces morceaux de fruits dans vos verres de service et versez dessus votre sangria pas comme les autres.

BONUS GOURMAND : Si vous avez du temps, mettez les fruits à mariner dans la sangria pendant quelques heures avant d'y intégrer la gélatine, de la passer au tamis et de la mettre dans le siphon. Vos fruits marinés auront alors une jolie couleur, ainsi que votre sangria qui prendra légèrement le goût des fruits. Vous pouvez aussi déposer en équilibre sur le rebord du verre des petites brochettes de fruits.

punch exotique

Pour 8 verres environ, soit 1 litre ⁕ *préparation : environ 10 min*

5 feuilles de gélatine • 50 cl de jus d'orange • 3 cl de sirop de sucre de canne • 12 cl de jus de pamplemousse • 12 cl de jus de fruit exotique • 12 cl de rhum blanc • 6 cl de rhum brun • 1 gousse de vanille

▪ Dans un bol d'eau tempérée, faites ramollir les feuilles de gélatine puis égouttez-les et pressez-les avant de les mettre dans une casserole avec 10 cl de jus d'orange. Portez à frémissement sur feu doux.

▪ Dans un saladier, mélangez le reste des ingrédients (sauf la gousse de vanille) et incorporez la gélatine dissoute. Fouettez légèrement et versez la préparation dans le siphon. Vissez une ou deux cartouches selon la capacité du siphon, agitez énergiquement et placez au frais durant 3 heures au moins.

▪ Coupez en deux et grattez la gousse de vanille dans les verres. Au moment du service, versez le punch dans vos verres à cocktail.

BONUS GOURMAND : N'hésitez pas à adapter la recette du punch exotique que vous avez rapportée de vos dernières vacances, elle sera beaucoup plus personnalisée. Les jus de fruits peuvent être remplacés par d'autres jus plus exotiques comme le jus de mangue, le jus de papaye, le jus de kiwi, etc.

soupe de champagne

*Pour 4 verres environ, soit 50 cl * préparation : environ 10 min*

4 feuilles de gélatine • 5 cl de jus de citron vert
• 5 cl de liqueur d'orange • 5 cl de sirop de sucre de canne
• 1/2 bouteille de champagne brut

▪ Dans un bol d'eau tempérée, mettez à ramollir les feuilles de gélatine, puis égouttez-les et pressez-les avant de les déposer dans une casserole avec le jus de citron. Portez à ébullition tout doucement jusqu'à ce que les feuilles de gélatine soient totalement dissoutes.

▪ Dans un saladier, mélangez la liqueur d'orange, le jus de citron et le sucre de canne. Versez doucement le champagne sur cette préparation et mettez le tout dans le siphon. Vissez l'une après l'autre deux cartouches de gaz et secouez fortement.

▪ Placez le tout durant plusieurs heures au réfrigérateur.

▪ Remplissez vos coupes à champagne et dégustez aussitôt.

BONUS GOURMAND : Vous pouvez verser ce nuage de soupe de champagne sur un fond de champagne bien froid, et vous pouvez remplacer la liqueur d'orange par une liqueur de pêche.

banana sprint

*Pour 3 verres environ, soit 50 cl * préparation : environ 10 min*

30 cl de jus de banane
• 6 cl de jus de citron jaune (Pulco®)
• 3 œufs entiers

▪ Dans un saladier, battez tous les ingrédients avec un petit fouet. Versez l'ensemble du cocktail dans le siphon.

▪ Vissez une ou deux cartouches et secouez énergiquement avant de placer durant 1 heure au réfrigérateur.

BONUS GOURMAND : Vous pouvez remplacer le jus de citron jaune par un jus de citron vert. Si vous le trouvez trop agressif, choisissez un jus de pamplemousse. Quoi qu'il en soit le jus d'agrume réveillera le jus de banane.

clara d'amour

Pour 3 verres environ, soit 50 cl ✱ *préparation : environ 10 min*

24 cl de crème liquide
• 15 cl de jus d'ananas • 5 cl de jus d'orange
• 5 cl de grenadine

▪ Dans un saladier, mélangez tous les ingrédients, puis versez-les dans le siphon.

▪ Vissez une ou deux cartouches. Secouez fortement.

▪ Placez le siphon, pendant au moins 2 heures au réfrigérateur.

▪ Servez dans de grands verres à cocktail givrés à la grenadine.

BONUS GOURMAND : À la place du jus d'ananas, vous pouvez mettre un jus de fruit exotique (jus de mangue par exemple). Le sirop de grenadine peut être remplacé par un sirop de coco. N'hésitez pas à ajouter dans votre cocktail quelques glaçons, ou de la glace pilée, afin de le déguster très froid.

soleil des îles

*Pour 3 verres environ, soit 50 cl * préparation : environ 10 min*

3 feuilles de gélatine
• 12 cl de jus d'ananas • 20 cl de jus de mangue
• 20 cl de nectar de banane

▪ Mettez les feuilles de gélatine à ramollir dans un bol d'eau tempérée.

▪ Pendant ce temps, faites chauffer à feu doux 6 cl de jus d'ananas dans une casserole.

▪ Pressez les feuilles de gélatine ramollies, essorez-les et faites-les fondre dans le jus d'ananas bien chaud, puis mélangez à l'aide d'un fouet. Dans un grand saladier, versez le reste du jus d'ananas et les jus de mangue et de banane. Incorporez la gélatine dissoute. Versez dans le siphon, vissez l'une après l'autre deux cartouches de gaz et secouez fortement.

▪ Placez plusieurs heures au réfrigérateur.

BONUS GOURMAND : Afin d'obtenir un résultat plus rapide, mettez le siphon ouvert dans le réfrigérateur avant de le remplir. Préparez en accompagnement des petites brochettes avec des cubes d'ananas, de mangue et de banane. Roulez vos brochettes dans un peu de noix de coco râpée, c'est un délice !

danseuse divine

Pour 6 verres environ, soit 75 cl ✷ *préparation : environ 10 min*

3 feuilles de gélatine
• 6 cl de jus de citron vert • 35 cl de jus de mangue • 15 cl de jus de poire
• 6 cl de sirop de cassis

▪ Dans un bol d'eau tempérée, mettez à ramollir les feuilles de gélatine.

▪ Faites chauffer à feu doux le jus de citron vert dans une petite casserole. Incorporez les feuilles de gélatine essorées pour les dissoudre en mélangeant à l'aide d'un fouet.

▪ Dans un saladier, mélangez les jus de fruits et le sirop avec la gélatine dissoute. Versez dans le siphon.

▪ Vissez deux cartouches de gaz l'une après l'autre en prenant soin de bien secouer entre les deux cartouches.

▪ Placez pendant plusieurs heures au réfrigérateur.

BONUS GOURMAND : Accompagnez votre boisson de chips de poire ou de citron vert. Déposez sur un papier sulfurisé de fines tranches de poire et de citron, enfournez-les à 60 °C. Laissez sécher doucement pendant au moins 1 heure 30. Vous pouvez aussi disperser des petits grains de cassis dans ce cocktail.

bavarois

glacé de concombre, parfum de vodka

Pour 6 personnes ✴ *préparation : environ 30 min*

300 g de concombre
• 25 cl de crème liquide • 5 cl de vodka • 1 feuille de gélatine
• huile d'olive vierge • 6 jaunes d'œufs • 1 botte de menthe
• sel fin et poivre du moulin

▪ Réunissez dans une casserole la crème, la vodka et 100 g de concombre taillé en petits dés. Portez à ébullition durant 3 à 4 minutes. Mixez jusqu'à l'obtention d'une crème très lisse. Salez et poivrez.

▪ Pendant ce temps, dans un bol d'eau tempérée, mettez à ramollir la feuille de gélatine puis incorporez-la dans la crème de concombre frémissante.

▪ Maintenez à feu très doux et ajoutez les jaunes d'œufs un par un tout en mixant. Le mélange doit être onctueux.

▪ Filtrez, versez dans le siphon et vissez deux cartouches en secouant fortement.

▪ Remplissez-en 6 petits moules préalablement tapissés de papier sulfurisé. Placez au congélateur pour 5 heures.

▪ Taillez le reste du concombre en petits dés et mélangez-le avec les feuilles de menthe lavées et finement ciselées.

▪ Déroulez les bavarois au centre des assiettes, entourez-les du concombre et soulignez l'assiette d'un trait d'huile d'olive.

BONUS GOURMAND : Pour donner plus de force à votre bavarois, augmentez la proportion de vodka, ou ajoutez quelques gouttes de Tabasco®. Et si vous n'êtes pas un amateur de vodka, supprimez-la tout simplement. Vous pouvez aussi réaliser cette recette avec un yaourt liquide à boire de bonne qualité.

cappucino

de confit niçois, nuage de basilic

Pour 8 personnes ✱ ***préparation : environ 30 min***

2 courgettes • 2 aubergines • 1 poivron rouge • 1 poivron vert • 1 oignon • 5 cl d'huile d'olive • 30 g de pignons de pin • 4 ou 5 feuilles de basilic frais

POUR LE NUAGE DE BASILIC

7 cl d'huile d'olive • 1 botte de basilic • 50 cl de crème liquide • sel fin et poivre du moulin

▪ Lavez et découpez en tous petits cubes les courgettes et les aubergines. Épluchez et taillez au même format les poivrons et l'oignon.

▪ Dans une grande poêle, faites revenir à l'huile d'olive les légumes un par un, sur feu doux durant 3 à 4 minutes, afin de les garder *al dente*.

▪ Ensuite, mélangez l'ensemble dans une casserole en y incorporant les pignons de pin qui auront été légèrement dorés au four.

▪ Incorporez les feuilles de basilic ciselées dans le confit de légumes.

▪ Rectifiez l'assaisonnement et laissez cuire sur feu doux pendant 7 à 8 minutes. Retirez du feu.

▪ Mélangez l'huile d'olive et les feuilles de basilic lavées et ciselées. Incorporez la crème liquide tout en mixant le tout. Assaisonnez, filtrez et versez dans le siphon. Vissez une à deux cartouches et secouez énergiquement. Placez 30 minutes au frais.

▪ Répartissez les légumes dans les verres, et couvrez généreusement d'un nuage de basilic.

BONUS GOURMAND : Un nuage de basilic pour surmonter le confit niçois ! Ce nuage peut accompagner parfaitement un poisson ou une viande froide. Le confit niçois est, quant à lui, un dérivé de la ratatouille.

mousseux
de foie gras et canard fondant

*Pour 8 à 10 personnes * préparation : environ 30 min*

4 cuisses de canard confit • 1 oignon • 1 carotte
• 1 branche de céleri • 5 cl de vieux porto rouge • 1/2 botte de persil plat
• sel fin et poivre du moulin

POUR LA CRÈME DE FOIE GRAS

200 g de foie gras en terrine • 5 cl de porto blanc • 50 cl de crème liquide
• sel fin et poivre du moulin

▪ Mettez à tiédir les cuisses de canard au four à température moyenne, puis émiettez-les en prenant soin de retirer les os et la peau.

▪ Pendant ce temps, lavez et épluchez l'oignon, la carotte et la branche de céleri. Hachez le tout finement.

▪ Dans une casserole, faites fondre un peu de graisse de canard récupérée et laissez mijoter doucement les légumes hachés. Lorsque ceux-ci commencent à compoter, mouillez-les avec le porto et ajoutez le canard émietté.

▪ Lavez et ciselez le persil plat et incorporez-le dans le canard. Rectifiez l'assaisonnement.

▪ Pendant ce temps, mixez le foie gras avec le porto jusqu'à obtention d'une purée fine. Ajoutez la crème liquide, tout en mixant. Vérifiez l'assaisonnement.

▪ Passez la crème de foie gras au tamis et versez-la dans le siphon. Vissez une ou deux cartouches selon le volume du siphon, puis secouez énergiquement et laissez prendre une bonne heure au réfrigérateur.

▪ Au moment de servir, garnissez des petites tasses transparentes avec le canard encore tiède, et couvrez d'une chantilly de foie gras.

BONUS GOURMAND : Le mariage du confit de canard et du nuage de foie gras est parfait pour un apéritif, mais vous pouvez tout aussi bien vous servir de ce nuage pour accompagner une viande rouge grillée.

picorons la brebis !

Pour 40 petits croutons ✷ *préparation : environ 20 min*

3 yaourts de brebis • 25 cl de crème liquide • 3 g de curry indien en poudre • 5 cl d'huile d'olive • sel fin et poivre du moulin • 1 ficelle de campagne • 1 cuill. à café de pavot bleu

- Dans un saladier, mélangez les yaourts avec la crème liquide, le curry et l'huile d'olive. Salez et poivrez.

- Mélangez à l'aide d'un mixer plongeant et versez dans le siphon. Vissez une ou deux cartouches selon la contenance du siphon, secouez énergiquement et placez au frais pendant 1 heure.

- Tranchez la ficelle de pain de campagne en petits croûtons fins. Faites-les griller au four jusqu'à ce qu'elles aient une jolie couleur dorée.

- Au moment de l'apéritif, disposez les croûtons sur le plat de service et couvrez-les généreusement de chantilly de brebis au curry.

- Parsemez vos croûtons de graines de pavot bleu.

BONUS GOURMAND : Vous pouvez laisser cette chantilly nature ou la parfumer avec une autre épice de votre choix. Elle peut se consommer sur des toasts de pain à l'apéritif, mais elle peut tout aussi bien accompagner une viande froide ou un poisson froid.

mousse à poisson

Pour 10 personnes ⁕ *préparation : environ 15 min*

1 botte d'aneth • 5 cl de Noilly Prat® • 10 cl de fumet de poisson • 50 cl de crème liquide • 1/2 citron • sel fin et poivre du moulin

▪ Lavez, séchez et ciselez l'aneth.

▪ Dans une casserole sur feu doux, faites réduire de moitié le Noilly Prat®.

▪ Ajoutez ensuite le fumet de poisson et faites de nouveau réduire de moitié.

▪ Plongez l'aneth dans la casserole.

▪ Laissez frémir durant 5 minutes environ, puis mélangez fortement avec un mixer plongeant.
Versez la crème liquide sur le fumet de poisson réduit à l'aneth et mixez encore. Ajoutez le jus du demi-citron. Rectifiez l'assaisonnement.

▪ Versez dans le siphon après avoir passé la préparation au chinois fin.

▪ Vissez une ou deux cartouches. Secouez énergiquement et mettez au frais pendant une bonne heure.

▪ Cette sauce mousseuse accompagnera avec élégance et légèreté tous vos plats de poisson, qu'ils soient chauds ou froids. Elle peut tout aussi bien être servie avec des crustacés ou être déposée sur des petits croûtons qui accompagneront la soupe de poisson.

BONUS GOURMAND : Vous pouvez parfumer la sauce mousseuse avec un alcool légèrement plus puissant ou avec une autre herbe potagère (estragon, sauge ou persil plat).

œuf mi-moussa

Pour 4 personnes ✳ *préparation : environ 20 min*

2 jaunes d'œufs
• 40 g de moutarde forte • 35 cl d'huile d'arachide
• 1 pincée de piment de Cayenne en poudre • 0,5 cl de vinaigre de vin
• sel fin et poivre du moulin • 4 gros œufs frais

▪ Dans un saladier, mettez les jaunes d'œufs et la moutarde forte. Assaisonnez de sel fin et de poivre du moulin. Fouettez rapidement et énergiquement en versant l'huile d'arachide en filet.

▪ Lorsque la sauce est bien ferme, vérifiez l'assaisonnement et ajoutez une pincée de piment et le vinaigre de vin.

▪ Dans une casserole d'eau bouillante, faites cuire les 4 œufs durs environ 9 minutes selon leur calibre.

▪ Écalez les œufs sous l'eau froide, coupez-les en deux et récupérez les jaunes. Mixez-les puis mélangez-les avec la mayonnaise.

▪ Passez l'ensemble au chinois ou au tamis, et versez dans le siphon. Vissez une ou deux cartouches de gaz selon le volume du siphon et secouez énergiquement.

▪ Garnissez l'intérieur des blancs d'œufs durs avec la mayonnaise allégée.

BONUS GOURMAND : Pour obtenir une mayonnaise plus légère, incorporez 5 à 7 cl de fond blanc froid ou bien un peu de crème liquide. Cette sauce accompagne les œufs durs, mais aussi une viande ou une volaille servies froides, ou même un poisson. Elle s'accommode très bien avec de jolies salades d'été.

mon ketchup mousse

Pour 10 personnes ✱ *préparation : environ 10 min*

3 feuilles de gélatine
• 100 g de coulis de tomate • 400 g de ketchup

▪ Dans un bol d'eau tempérée, mettez à ramollir les feuilles de gélatine.

▪ Dans une casserole, faites tiédir le coulis de tomate.

▪ Lorsque les feuilles de gélatine sont ramollies, pressez-les et incorporez-les dans le coulis de tomate en remuant au fouet doucement sans s'arrêter.

▪ Versez le coulis de tomate bien chaud sur le ketchup.

▪ Mélangez à l'aide d'un mixer plongeant, puis transvasez la préparation dans le siphon.

▪ Vissez une ou deux cartouches de gaz selon la contenance du siphon, secouez énergiquement, et placez au frais pendant au moins 4 heures.

BONUS GOURMAND : Cette sauce froide, particulièrement appréciée des enfants, accompagne très bien un ensemble de poissons froids ou de viandes froides. Elle peut aussi être consommée avec des œufs durs ou une salade.

pétillant
de cidre au camembert fondant

Pour 6 personnes ✳ *préparation : environ 15 min*

5 feuilles de gélatine • 10 cl de calvados
• 40 cl de cidre brut de belle qualité • 1 camembert bien fait
• sel fin et poivre du moulin

▪ Dans un bol d'eau tempérée, mettez à ramollir les feuilles de gélatine.

▪ Dans une casserole, faites chauffer le calvados jusqu'à frémissement. Flambez-le. Lorsque les flammes se sont éteintes, pressez les feuilles de gélatine ramollies et incorporez-les au calvados. Laissez fondre totalement et retirez du feu.

▪ Versez cette préparation doucement sur le cidre brut qui ne doit pas trop mousser puis dans le siphon. Vissez une ou deux cartouches de gaz selon le volume du siphon et placez au frais sans le remuer.

▪ Laissez au réfrigérateur durant 5 à 6 heures. Au moment du service, purgez le siphon tête en haut, dévissez-le et, à l'aide d'une cuillère à long manche, sortez la gelée. Celle-ci est tremblante et parsemée de petites bulles. L'explosion au palais sera étonnante.

▪ Dans des petites verrines, déposez des petits cubes de camembert. Couvrez-les de cette gelée tremblante de cidre au calvados.

BONUS GOURMAND : Réalisez cette recette avec un champagne rosé dressé dans des verrines avec quelques grains de caviar : l'effet est immédiat ! Vous pouvez préparer cette gelée tremblante avec toutes les boissons pétillantes. À vous de les imaginer !

banderilles

de viande en nuage de pommes de terre

Pour 8 personnes ✱ *préparation : environ 30 min*

500 g de pommes de terre vitelotte • 50 g de beurre demi-sel • 25 cl de crème liquide • quelques banderilles de viande de votre choix • gros sel • sel fin et poivre du moulin

▪ Lavez et épluchez les vitelottes. Mettez-les à cuire dans de l'eau bouillante salée au gros sel. Vérifiez la cuisson à l'aide de la pointe d'un couteau : faites attention à ne pas trop les cuire car leur couleur violette si particulière virerait au marron.

▪ Égouttez-les puis écrasez-les au moulin à purée en ajoutant le beurre demi-sel. À l'aide d'une spatule en bois, incorporez petit à petit la crème liquide.

▪ Vérifiez l'assaisonnement. Mixez jusqu'à obtention d'une masse liquide sans grumeau. Faites chauffer doucement puis versez dans le siphon.

▪ Vissez une à une deux cartouches de gaz en prenant soin de secouer énergiquement le siphon entre les deux cartouches.

▪ Placez le siphon au bain-marie à une température n'excédant pas 70 °C (en début de frémissement).

▪ Pendant ce temps, faites griller les brochettes puis disposez-les en étoile dans le plat de service.

▪ Au moment de déguster, masquez le centre de l'assiette avec cette mousseline tout à fait particulière.

BONUS GOURMAND : À vous de choisir les banderilles de viande : volaille, veau ou bœuf...Vous pouvez remplacer les vitelottes par toute variété de pommes de terre.

ma bouillabaisse

Pour 6 personnes ✳ préparation : environ 30 min

500 g de pommes de terre grenailles • 1 l de soupe de poisson de très bonne qualité • 6 filets de rougets sans arêtes • 3 filets de dorade assez fins sans arêtes • 5 cl de Ricard® • 50 cl de crème liquide • sel fin et poivre du moulin • 1 pincée de safran • quelques cristaux de fleur de sel de Guérande

- Faites cuire, à feu doux, les pommes de terre lavées mais non pelées, dans la soupe de poisson. Retirez-les de la soupe, réservez-les au chaud et amenez la soupe à ébullition.

- Placez les filets de poisson lavés dans une plaque à haut bord et versez la soupe dessus. Attendez 2 minutes. Égouttez très délicatement les filets à l'aide d'une écumoire.

- Mixez la soupe avec la crème liquide. Vérifiez l'assaisonnement en ajoutant le Ricard® et remettez à chauffer.

- Versez dans le siphon, vissez deux cartouches et secouez énergiquement. Placez le siphon au bain-marie à une température n'excédant pas 70°C (début de frémissement) jusqu'au moment du service.

- Déposez quelques pommes de terre dans chaque assiette, puis les filets de poisson et recouvrez-les généreusement de la préparation du siphon. Parsemez de fleur de sel et de safran, et servez.

BONUS GOURMAND : Cette recette est réalisable avec bien d'autres produits de la mer. Essayez-la avec une bisque de homard ou un suprême de langoustines en les faisant chauffer, en les crémant, et en masquant des petits médaillons de homard sur des dés de mangue. Cette pièce cocktail fera sensation lors de votre prochain apéritif.

comme une « hollandaise »

*Pour 8 personnes * préparation : environ 30 min*

350 g de beurre • 1 échalote
• 20 cl de Noilly Prat® • 1 feuille de laurier • 5 g de poivre mignonette
• 3 jaunes d'œufs • 1 œuf entier • 1/2 citron
• sel fin et poivre du moulin

▪ Dans une casserole, faites fondre le beurre à feu doux, puis enlevez l'écume sur le dessus à l'aide d'une cuillère à soupe. Transvasez le beurre dans un autre récipient en prenant garde de ne pas verser le petit lait qui se trouve au fond.

▪ Faites revenir dans un peu de beurre fondu l'échalote épluchée et hachée finement. Lorsque celle-ci est translucide, mouillez avec le Noilly Prat®, ajoutez la feuille de laurier et le poivre. Laissez réduire de moitié sur feu doux, puis passez dans un tamis fin.

▪ Dans un récipient métallique, cassez les jaunes d'œufs, l'œuf entier et mouillez avec la réduction. Fouettez énergiquement en laissant le récipient au bain-marie à 70 °C (en début de frémissement). Lorsque le fouet marque le fond du récipient et que le volume a doublé, incorporez le beurre clarifié hors du feu en le versant en filet.

▪ Rectifiez l'assaisonnement et ajoutez délicatement le jus de citron. La sauce doit être homogène. Versez-la dans le siphon et vissez une ou deux cartouches de gaz. Secouez énergiquement et laissez au bain-marie à 60 °C maximum jusqu'au moment du service.

▪ Il vous suffira alors de masquer le plat avec cette sauce légère.

BONUS GOURMAND : Cette sauce accompagne parfaitement les viandes rouges grillées et les volailles grillées, mais elle peut aussi bien être servie avec des asperges ou des légumes cuits à la vapeur. Vous pourrez à ce moment-là poudrer légèrement avec un peu de piment de Cayenne.

boudin noir
au nuage de golden

Pour 4 personnes* ✱ *préparation : environ 30 min

500 g de pommes golden
• 100 g de beurre demi-sel • 50 g de sucre cristal • 5 cl de vieux calvados
• 25 cl de crème liquide • 4 belles portions de boudin noir fermier
• sel fin et poivre du moulin

▪ Épluchez les pommes, épépinez-les et coupez-les en gros morceaux.

▪ Dans une casserole, faites fondre le beurre à feu doux. Ajoutez le sucre en poudre. Lorsque le mélange commence à caraméliser, jetez les pommes coupées en petits morceaux. Faites-les revenir durant 2 à 3 minutes. Ajoutez 15 cl d'eau. Couvrez et laissez cuire sur feu doux pendant 20 à 30 minutes.

▪ Lorsque l'eau s'est évaporée et que les pommes sont bien cuites, versez le calvados et laissez réduire jusqu'à ce que les pommes soient bien sèches. Incorporez la crème liquide et mixez longuement jusqu'à obtention d'une compote bien fluide.

▪ Vérifiez l'assaisonnement en sel fin et poivre du moulin. Passez au tamis dans le siphon et vissez deux cartouches l'une après l'autre, en prenant soin de secouer énergiquement entre les deux cartouches.

▪ Préchauffez le four à 180 °C. Déposez les boudins piqués à la fourchette sur une plaque allant au four. Faites-les bien griller et colorer selon votre goût.

▪ Placez les boudins dans les assiettes de service et surmontez-les d'un nuage de golden.

BONUS GOURMAND : Vous pouvez remplacer les goldens par la variété de pomme de votre choix. Réalisez pour ce boudin rôti un nuage de poire tout aussi exquis. Et pourquoi ne pas mélanger un peu de pomme fruit et un peu de pomme de terre…

velours de roquefort

Pour 8 personnes ✱ *préparation : environ 20 min*

5 cl de porto blanc
• 200 g de roquefort • 15 cl de fond de veau • 40 cl de crème liquide
• sel fin et poivre du moulin

▪ Dans une casserole, faites réduire sur feu moyen le porto blanc avec le roquefort coupé en petits dés. Ajoutez le fond de veau et laissez mijoter doucement pendant 3 à 4 minutes, mais surtout pas plus (en cuisant trop longtemps le fromage perdrait de sa saveur).

▪ Incorporez la crème liquide, rectifiez l'assaisonnement, et mixez jusqu'à obtention d'une crème très lisse.

▪ Versez dans le siphon, vissez une ou deux cartouches selon la contenance du siphon et placez au bain-marie à 75 °C maximum (début de frémissement).

▪ Au moment du service, nappez généreusement la viande ou le poisson avec cette sauce mousseuse, au caractère de velours.

BONUS GOURMAND : Vous pouvez remplacer le roquefort par d'autres fromages fondants – brie, camembert ou même vacherin –, qui accompagnent parfaitement les viandes blanches comme la volaille ou le veau, mais aussi une entrecôte ou un filet de bœuf.

autre fondue
savoyarde

*Pour 4 personnes * préparation : environ 30 min*

1/2 gousse d'ail • 15 cl de vin blanc de Savoie • 50 g de beaufort • 40 g de vieux comté • 30 g de tomme de Savoie • 25 cl de crème liquide • 3 cl de kirsch

▪ Préparez une fondue savoyarde classique. Frottez bien le caquelon avec la demi-gousse d'ail. Versez le vin blanc et faites chauffer sur feu moyen.

▪ Dès que le vin commence à mousser, baissez le feu et ajoutez petit à petit les fromages râpés tout en remuant à l'aide d'une cuillère en bois.

▪ Lorsque les fromages sont fondus, laissez cuire encore doucement durant 4 à 5 minutes. Hors du feu, versez la crème liquide et le kirsch puis mélangez avec un mixer électrique.

▪ Passez au tamis dans le siphon. Vissez une ou deux cartouches, secouez énergiquement et mettez le siphon dans un bain-marie à 70 °C maximum (début de frémissement).

▪ Pendant ce temps, faites dorer au four de jolies tartines de pain de campagne. Au moment du service, couvrez ces tartines d'une légèreté de fondue savoyarde.

BONUS GOURMAND : Vous pouvez incorporer dans la fondue un petit peu de reblochon avec la croûte. Au moment de servir, n'hésitez pas à ajouter quelques fines tranches de salaison de Savoie sur les tartines, ce qui donnera plus de faste à votre fondue savoyarde.

macatto
de cèpes et céleri fondant

*Pour 8 personnes * préparation : environ 50 min*

1 boule de céleri • 1 l de lait entier • 1 kg de cèpes • 1 gousse d'ail • 5 cl d'huile de noisette • 50 g de beurre demi-sel • 50 cl de crème liquide • sel fin et poivre du moulin

▪ Épluchez le céleri et coupez-le en morceaux. Faites-le cuire dans le lait salé et poivré, à feu doux et à couvert. Égouttez-le et mixez-le jusqu'à l'obtention d'une purée très fine. Réservez au chaud.

▪ Essuyez les cèpes et coupez-les en morceaux. Chauffez le beurre dans une poêle jusqu'à ce qu'il prenne une belle couleur noisette. Faites-y cuire les cèpes à feu vif durant 4 à 5 minutes. Mixez-les en fine purée et réservez au chaud.

▪ Épluchez et hachez la gousse d'ail en prenant soin de l'avoir dégermée. Ajoutez-la en fin de cuisson dans la fricassée de cèpes. Retirez du feu et parfumez avec l'huile de noisette. Rectifiez l'assaisonnement.

▪ Divisez la purée de céleri en deux portions. Colorez l'une avec un peu de purée de cèpes. Chauffez l'autre à feu doux avec la crème. Mixez de nouveau, filtrez et versez dans le siphon.

▪ Vissez deux cartouches de gaz l'une après l'autre, en prenant soin de secouer énergiquement le siphon entre les deux cartouches. Mettez le siphon dans un bain-marie à une température n'excédant pas 70°C (début de frémissement).

▪ Disposez dans de grands verres hauts, une couche de céleri aux cèpes, une couche de purée de cèpes, et terminez avec la crème au céleri.

BONUS GOURMAND : Vous pouvez choisir vos ingrédients et réaliser d'autres montages qui sont tout aussi intéressants. En été, tentez la superposition d'une mousse de courgettes légèrement safranée surmontée d'une tapenade de poivrons rouges pour finir par une crème légère d'herbes potagères au parfum de thym citronné ou de quelques autres saveurs de la garrigue...

grosses fraises
en chantilly de Toblerone

Pour 8 personnes ✱ préparation : environ 15 min

200 g de Toblerone®
• 50 cl de crème liquide • quelques grosses fraises bien charnues
(nombre selon votre gourmandise)

▪ Dans un petit saladier supportant la chaleur, cassez en petits morceaux le Toblerone®, puis ajoutez la moitié de la crème liquide. Placez dans un bain-marie chaud et laissez fondre doucement.

▪ Lorsque le Toblerone® est bien fondu, hors du feu incorporez le reste de crème. Mélangez à l'aide d'un fouet, puis passez au chinois étamine et versez dans le siphon.

▪ Vissez deux cartouches en secouant énergiquement entre les deux cartouches de gaz. Placez au frais pendant au moins 3 heures.

▪ Pendant ce temps, découpez un petit chapeau sur vos fraises grâce au pédoncule vert et, à l'aide d'un couteau à pomme parisienne, creusez l'intérieur des fraises. Lorsque la chantilly est bien fraîche, remplissez délicatement les fraises d'un joli nuage de Toblerone®.

▪ Déposez les fraises dans des petites assiettes et servez-les en mignardise avec le café. Cette douceur fondante est très gourmande.

BONUS GOURMAND : Vous pouvez conserver les éclats de nougat et d'amandes du Toblerone® après l'avoir filtré dans la passoire. Mettez-les dans les fraises : cela donne du craquant à votre dégustation.

bleu
comme une framboise

Pour 6 verres ✱ *préparation : environ 10 min*

15 cl d'eau • 50 g de sucre
• 4 feuilles de gélatine • 35 cl de curaçao • quelques framboises

- Dans une casserole, mélangez l'eau et le sucre. Faites cuire doucement à feu doux ce sirop pendant 10 minutes.

- Pendant ce temps, mettez dans un bol d'eau tempérée vos feuilles de gélatine. Lorsque celles-ci sont bien ramollies, pressez-les doucement et incorporez-les dans le sirop. Laissez fondre totalement.

- Hors du feu, ajoutez le curaçao dans le sirop, puis versez le tout dans le siphon. Vissez une ou deux cartouches, en prenant soin de secouer énergiquement entre les deux cartouches.

- Placez au frais pendant au moins 3 heures.

- Pour le dressage, déposez un peu de nuage bleu dans de jolis verres à cocktail. Parsemez de quelques framboises, ajoutez une couche de nuage bleu, puis de nouveau des framboises, et ainsi de suite…

- Servez ce dessert léger et parfumé à l'orange, en fin de repas, bien frais.

BONUS GOURMAND : Avec un petit peu moins de gélatine, vous obtiendrez un cocktail à boire. N'hésitez pas à remplacer les framboises par des billes de pastèque ou un autre fruit rouge (fraises, groseilles…) : cela donne un effet de transparence très joli à l'œil.

crème légère
de Nutella® et florentin blanc

Pour 8 personnes ✷ *préparation : environ 20 min*

150 g de Nutella® • 50 cl de crème liquide

POUR LES FLORENTINS

150 g de chocolat blanc • 50 g de noisettes concassées et torréfiées • 50 g d'amandes effilées • 50 g d'abricots secs

▪ Dans un petit saladier, versez le Nutella® et faites-le fondre doucement, soit au bain-marie soit au four à micro-ondes.

▪ Lorsqu'il est bien fondu, incorporez la crème liquide. Mélangez avec un mixer plongeant.

▪ Versez à travers une passoire fine dans le siphon. Vissez une ou deux cartouches selon le volume du siphon, et placez au frais pendant 3 heures au moins.

▪ Pendant ce temps, confectionnez les florentins. Faites fondre délicatement le chocolat blanc au bain-marie. Lorsqu'il est bien fondu et fluide, ajoutez les noisettes concassées et les amandes effilées, préalablement légèrement torréfiées sous le gril du four, puis les abricots secs que vous aurez pris soin de couper en petits morceaux.

▪ Mélangez bien l'ensemble afin d'avoir un chocolat homogène avec sa garniture.

▪ Sur un papier sulfurisé, déposez à l'aide d'une cuillère à soupe des petits tas de chocolat. Écrasez-les doucement avec le dos de la cuillère pour former des cercles bien réguliers. Placez les florentins au frais. Lorsqu'ils sont bien pris, déposez-les dans le plat de service et couvrez-les d'un nuage de Nutella®.

BONUS GOURMAND : Cette crème légère de Nutella® peut être servie sur un chocolat chaud, sur un café bien serré, et sur bien des pâtisseries. Quant aux florentins, n'hésitez pas à puiser dans votre imagination pour trouver des ingrédients amusants : comme les Rice-Krispies® du petit déjeuner.

yaourt nature

mousse de petit LU®

Pour 6 personnes ✱ préparation : environ 15 min

150 g de crème liquide
• 150 g de Petit LU® • 300 g de yaourt à boire nature

▪ Dans une casserole, faites chauffer la crème sur feu moyen. Lorsqu'elle arrive à ébullition, versez-la dans un saladier où vous aurez écrasé les Petit LU®. Mélangez, puis mixez à l'aide d'un mixer plongeant.

▪ Lorsque la pâte est homogène, incorporez, tout en continuant de mixer, le yaourt liquide.

▪ Passez au chinois fin et versez dans le siphon. Vissez une ou deux cartouches de gaz selon le contenant du siphon, en prenant soin de bien secouer entre les deux cartouches.

▪ Placez au frais durant 3 heures au moins.

▪ Au moment du service, remplissez des petits pots de yaourts avec la préparation et poudrez-les, par exemple, de quelques Rice-Krispies®. L' effet petit déjeuner sera magique.

BONUS GOURMAND : Vous pouvez remplacer le yaourt à boire nature par du yaourt à boire aromatisé à la fraise ou à la vanille.

gratin
de fruits frais, parfum Malabar®

Pour 6 personnes ✱ *préparation : environ 30 min*

30 cl de crème liquide
• 20 Malabars® • 6 jaunes d'œufs • quelques fraises
• quelques abricots bien mûrs • 1 melon • 80 g de sucre cristal

▪ Dans une petite casserole, portez la crème à ébullition et ajoutez les Malabars®. Baissez le feu et laissez fondre tout doucement les Malabars® dans la crème en remuant doucement à l'aide d'une spatule.

▪ Lorsqu'ils sont pratiquement fondus, filtrez la préparation dans une passoire très fine. Homogénéisez avec un mixer plongeant avant d'incorporer les jaunes d'œufs un par un et le sucre.

▪ Lorsque le mélange est mousseux, bien homogène, et encore chaud (60 °C maximum), versez-le dans le siphon et ajoutez une à deux cartouches.

▪ Pendant ce temps, préparez une salade de fruits avec les fraises, les abricots et le melon.

▪ Répartissez la salade de fruits dans des assiettes creuses, et recouvrez-les d'une fine couche de sabayon à Malabar®.

▪ Préchauffez le gril du four. Au moment du service, placez vos assiettes sous le gril durant 1 à 2 minutes. Lorsque le gratin a pris une jolie couleur dorée, il est temps de vous régaler.

BONUS GOURMAND : Pour garder le sabayon tiède, placez le siphon dans un bain-marie (75 °C maximum). Vous pouvez ajouter dans le fond de vos assiettes des spéculoos broyés en poudre.

pancakes
en écume d'érable

Pour 6 à 8 pancakes ✱ *préparation : environ 40 min*

POUR LES PANCAKES

120 g de farine • 4 g de levure chimique
• 15 g de sucre • 1 pincée de sel • 2 œufs • 25 g de beurre • 12 cl de lait

POUR LE NUAGE D'ÉRABLE

50 cl de crème liquide • 12,5 cl de sirop d'érable

▪ Pour les pancakes, mélangez dans un saladier la farine, la levure, le sucre et le sel. Formez un puits et cassez les œufs au centre.

▪ Mélangez du bout des doigts. Ajoutez ensuite 25 g de beurre noisette et versez sur l'ensemble le lait légèrement tiédi.

▪ Fouettez énergiquement afin qu'il n'y ait aucun grumeau. Laissez la pâte reposer une bonne heure avant de cuire les pancakes.

▪ Pendant ce temps, dans un saladier, mélangez la crème liquide et le sirop d'érable.

▪ Fouettez énergiquement et remplissez le siphon. Vissez une ou deux cartouches et secouez. Placez le siphon au frais.

▪ Dans une petite poêle antiadhésive, versez une par une des petites louches de pâte et faites dorer les pancakes sur feu doux 2 minutes de chaque côté.

▪ Lorsque les pancakes sont cuits, conservez-les au chaud sous un torchon humide.

▪ Au moment du service, disposez les pancakes dans un plat et couvrez-les généreusement d'une écume d'érable.

BONUS GOURMAND : La confection des pancakes se rapproche de celle des crêpes. Cette chantilly au goût canadien aurait tout aussi bien garni des crêpes, des gaufres, et pourquoi pas certains cakes ou quatre-quarts.

verrines

Bananas® en légèreté de fraises Tagada®

*Pour 8 à 10 verrines * préparation : environ 20 min*

POUR LA MOUSSE BANANA®

• 50 cl de crème liquide • 150 g de bonbons Bananas®

POUR LA MOUSSE TAGADA®

• 50 cl de crème liquide • 150 g de fraises Tagada®

▪ Dans une casserole, mettez la moitié de la crème et les bonbons Bananas®. Faites fondre délicatement sur feu doux en remuant doucement à l'aide d'une spatule.

▪ Lorsque les bonbons ont totalement fondu, ajoutez le restant de crème hors du feu. Passez dans un chinois fin et remplissez le siphon.

▪ Vissez une ou deux cartouches de gaz selon la taille du siphon. Secouez énergiquement entre les cartouches et placez au frais pendant 3 heures au moins.

▪ Pendant ce temps, répétez cette opération avec les fraises Tagada®.

▪ Remplissez les verrines à moitié avec la crème légère de Bananas®, puis couvrez avec la chantilly au parfum de fraise Tagada®. Servez ces verrines à la fin du repas en prédessert, l'effet en est assuré !

BONUS GOURMAND : Vous pouvez garnir les verrines avec l'une ou l'autre mousse. Le dressage peut être aussi fait en saladier, en plaçant tout autour du plat plusieurs brochettes de bonbons, ou de fruits frais, ou encore des petites madeleines.

index des recettes

Merci aux boutiques qui ont gracieusement
mis à notre disposition la vaisselle pour la réalisation de ce livre :

Laurence Brabant : www.laurencebrabant.com,
happy end p. 17, hot cut p. 23, mug expansif p. 29, verre Toc.c p. 47, blowing p. 61.
Créations Romain Gauthrot pour **Silodesign** : www.silodesign.com
Tél. : 09 54 13 43 13, p. 4, 13, 55, 65 et 69.
The Conran Shop : 117 rue du Bac, 75007 Paris. www.conranshop.fr, p. 19, 35, 37 et 43.
Casa : 76-78 rue de Traversière, 75012 Paris, p. 15.

Le siphon (page de couverture, p.4,9 et 71) est de la marque ISI.
En vente chez tous les distributeurs de matériel de cuisine pour les professionnels,
sur le site www.meilleurduchef.com, chez Mora et dans les hypermarchés Carrefour.

Jean-Charles Karmann :
À tous ceux qui m'ont permis une fois de plus de réaliser ma passion.
Un grand merci à Marc Clareton, Yoann Fontaine, Carole Laisné, Virginie Michelin
et une attention particulière à ma Sophie ainsi qu'à mes trois enfants
Clara, Matthieu et Thomas.

Virginie Michelin :
Merci à Jean-Charles pour sa confiance, son énergie et sa créativité.
Merci à Nathalie sans qui je n'aurais fait ce livre, Aurélie pour son enthousiasme et
Rachida pour sa mise en page harmonieuse.
Merci à Éric, Arthur, Charles et Louis pour leur soutien.

Retrouvez Jean-Charles Karmann sur son site : www.jckarmann.com

Jean-Charles Karmann

Photogravure : APS/Chromostyle

Achevé d'imprimer en octobre 2008 chez POLLINA à Luçon - n° L48394
Dépôt légal : novembre 2008

Imprimé en France